A
VERDADE
Sobre

BRUXARIA

Scott Cunningham

A
VERDADE
Sobre

BRUXARIA

Tradução de Eddie Van Feu

*m*auad X

1ª Edição no Brasil em 2007

Direitos de tradução em língua portuguesa
e distribuição no Brasil adquiridos por
MAUAD Editora Ltda.
Rua Joaquim Silva, 98, 5º andar, Centro
CEP: 20241-110 – Rio de Janeiro – RJ
Tel.: (21) 3479-7422 – Fax: (21) 3479-7400
www.mauad.com.br

Tradução de
"THE TRUTH ABOUT WITCHCRAFT"
Copyright © 1994 – Llewellyn Publications
Published by Llewellyn Publications
Woodbury, MN 55125 USA
www. llewellyn.com

Tradutora:
Eddie Van Feu

Projeto Gráfico:
Núcleo de Arte/Mauad Editora

CIP - BRASIL - CATALOGAÇÃO NA FONTE
SINDICATO NACIONAL DOS EDITORES DE LIVROS, RJ.

C981v
   Cunninghan, Scott, 1956-
      A verdade sobre bruxaria / Scott Cunningham ; tradução
   de Eddie Van Feu. - Rio de Janeiro : Mauad X, 2007.
   Tradução de: The truth about witchcraft

   ISBN 978-85-7478-214-0

   1. Feitiçaria. I. Título.

07-1080.   CDD: 133.43
                                                     CDU: 133.4

INTRODUÇÃO

Velas cintilam. A fumaça do incenso rodopia. Figuras com mantos, entoando cânticos numa língua há muito tempo morta, giram em volta de uma rústica mesa de madeira. Sobre ela, repousam imagens sagradas: uma mulher robusta usando uma Lua Crescente em sua testa e um homem com chifres portando uma lança em sua mão erguida.

Todo o movimento pára. Uma mulher de pé perto do altar diz:

Neste espaço e tempo sagrados
Nós chamamos os Antigos:
A Deusa da Lua, dos mares e rios;
O Deus do Sol irradiado, dos vales e florestas:
Aproximem-se de nós durante este Círculo.

Isso é Bruxaria.

A 3.200 km longe dali, uma menina de 15 anos afixa uma vela verde em cima de uma foto Polaroid de um amigo. Na sala escura ela acende a vela. De olhos fechados, a menina visualiza o braço quebrado do namorado envolvido por uma luz púrpura, com a intenção de que ele se cure mais rapidamente.

Isso também é Bruxaria.

Esses dois exemplos resumem o que é a Bruxaria. É uma religião, conhecida como Wicca. É também a prática da magia popular.

Uma pessoa comum provavelmente pensa que Bruxaria é satanismo, orgias e drogas. A grande maioria das pessoas de cultura média acredita erroneamente que Bruxas praticam uma miscelânea de culto ao diabo, rituais repugnantes, crueldade e sacrifício humano.

Certamente, há pessoas que praticam esse tipo de coisa: assassinos, psicóticos e os frustrados com a religião em que nasceram. Mas essas pessoas não são Bruxos e não praticam a Bruxaria.

A Verdade sobre a Bruxaria aborda tanto a magia popular quanto a moderna religião wiccana, assuntos há muito encobertos em mistérios. As mentiras foram contadas. É hora da verdade.

POR ENCANTOS E FEITIÇOS

A magia popular nasceu numa época de assombro. Dezenas de milhares de anos atrás, a natureza era uma força misteriosa. Pontos de luz oscilavam no céu acima e distante. Forças invisíveis eriçavam cabelos e provocavam tempestades de poeira. A água caía do céu. Forças poderosas, inconcebíveis para os humanos, enviavam fachos de luz fulgurante do céu, transformando árvores em infernos furiosos. Mulheres magicamente perturbavam os rapazes. Tudo o que se movia, em algum momento morria. Sangue era sagrado. Comida era sagrada. A Água, a Terra, as plantas, os animais, o vento, tudo que existia estava imbuído de poder.

A Magia – assim como a religião e a ciência – nasceu das ações dos primeiros humanos que tentaram compreender, contatar e ganhar algum controle sobre tais forças. O ritual se desenvolveu como um meio de se unificar com a fonte dessa energia universal. Gestos, ritmo, símbolos, música, dança e palavras eram usados para alterar a consciência para essas forças superiores.

A magia popular se desenvolveu lentamente desde seu começo. Todo grupo, tribo e civilização tinham suas próprias formas de ritual. A magia popular diferia da religião estruturada e da magia estabilizada, pois era o domínio da magia pessoal, realizada por motivos pessoais. Uma mulher cobria um ferimento com uma folha de planta que ela colhera com sua mão esquerda para aumentar suas propriedades curativas. O pescador esfregava suas iscas de osso com flores para atrair peixes. Jovens apaixonados juntavam pedras em formato de coração e as presenteavam aos objetos de seus desejos.

Esses simples rituais continuaram a ser usados por milhares de anos, particularmente em áreas isoladas. Então, uma nova religião organizada surgiu no Oriente, depois da morte de um profeta judeu, estendeu seus crescentes músculos políticos, espalhando-se pela Europa. Como país após país se convertesse, muitos dos antigos caminhos da magia popular foram esquecidos. Outros foram alterados para se aproximarem exteriormente do padrão da nova religião. A magia que não poderia ser praticada nem mesmo vagamente, de acordo com a nova religião, era praticada às escondidas. Os dias terminavam quando os encantos e feitiços da velha Europa se tornavam parte da vida cotidiana.

FEITIÇOS NA FORCA

Logo, os líderes da nova religião, determinados a exercer controle absoluto sobre todos os aspectos da vida humana, estamparam como crimes de heresia previsão do futuro, cura psíquica, espiritualismo, a criação de amuletos protetores, feitiços de atração de amor e toda sorte de coisas que falhassem em se encaixar nas crenças dessa nova religião.

Por todo o mundo ocidental, a magia popular se tornou uma lembrança obscura enquanto cenas de assassinato religioso em massa (executados em nome de "Deus") se tornavam lugar comum.

Logo depois, a era do questionamento científico começou. Enquanto os horrores da perseguição às bruxas da Idade Média e Renascença caíam no esquecimento, os homens começavam a investigar os caminhos da natureza. Magnetismo, medicina, cirurgia, matemática e astronomia eram codificados e movidos do reino da superstição e magia para o reino da Ciência.

Construída sobre o conhecimento, a Revolução Industrial começou no final do século XIX. Os homens ganhavam algum controle sobre a Terra e suas energias, e as máquinas logo substituíram a religião e a já subjugada magia popular.

Nos idos de 1900, uma série de guerras locais e mundiais acabou de vez com muito do que restou da velha forma de vida para milhões de europeus e americanos. A magia popular, que uma vez já correra no sangue dos homens, nunca vira dias mais negros.

Mas ela ainda não estava completamente morta! Onde quer que máquinas e tecnologia ainda não tivessem invadido, a magia popular continuava a existir. Por todo o Extremo Oriente e Oriente Médio (Rússia, Ásia, Paquistão, etc.), na África, Polinésia e Austrália, na América do Sul e Central, nas áreas rurais da América do Norte, como Ozarks, no Havaí, e até mesmo em partes da Europa, a magia popular ainda vivia.

Durante os anos 1960, a magia popular voltou à vida. Movimentos jovens nos Estados Unidos e na Inglaterra se rebelaram contra os rígidos códigos sociais e ideais baseados no Cristianismo. Alguns jovens se voltaram para o Budismo, o Zen e outros ensinamentos orientais. Outros se envolveram com o pouco que eles podiam aprender de encantos, feitiços, magia das ervas, cartas de tarô, amuletos e talismãs. Incontáveis livros populares e artigos apareceram, revelando esse conhecimento, uma vez conhecido por todos, a uma nova geração de insatisfeitos com sua vida puramente tecnológica.

Livros de feitiços e textos de magia, escritos por pesquisadores ou praticantes dos velhos caminhos, eram comprados por pessoas cujos ancestrais originaram ou preservaram os vestígios dessa mesma magia. Livros como Rituais Práticos com Velas (*Practical Candleburning Rituals*), de Raymond Buckland, assim como dúzias de outros trabalhos, tinham um enorme sucesso. Um renascimento da magia popular havia começado.

A OBRA DO DIABO

A supressão religiosa da magia continuou inabalável durante a década de 60. Livros eram lançados atestando que esse renovado interesse pela magia popular (muitas vezes chamada de Bruxaria) pressagiava o fim do mundo. Pregadores em toda a América queimavam publicamente livros de ocultismo e objetos mágicos. Eles faziam isso, disseram eles, numa tentativa de destruir "as obras do diabo".

Entretanto, a influência do cristianismo na formação da opinião pública estava enfraquecendo. Apesar de muitos não-praticantes continuarem a ver a magia como "satânica", antinatural e perigosa, muitas pessoas de mente aberta investigavam por conta própria. Alguns se tornaram praticantes apaixonados.

Hoje, o ressurgimento que começou no fim dos anos 1960 produziu uma geração de indivíduos conscientes. Muitos desses praticantes da magia popular também se envolveram com canalização, cura psíquica, flora medicinal, abstração dos sentidos, a consciência dos cristais, dietas vegetarianas, meditação e ensinamentos orientais. Isso produziu o movimento conhecido hoje como Nova Era.

Como uma resposta para o interesse contínuo na magia popular e espiritualidade não-cristã e para a diminuição de seu poder social, a religião ortodoxa voltou suas armas de propaganda na direção dessa onda, novamente predizendo que estes são os últimos dias do nosso planeta.

HOJE

A magia popular é a base da maioria das antigas e modernas técnicas de magia praticadas por pessoas com o objetivo de melhorar suas vidas.

O que ela *não é* é quase tão importante quanto *o que ela é*. Ela não é "obra do diabo". Ela não é satanismo. Ela não envolve sacrifícios de humanos ou animais. Não é falar com espíritos nem se submeter aos "demônios". Não é obscura, perigosa ou má. A magia popular não é anticristã, antirreligião ou antiqualquer coisa.

A magia popular é pró-vida, pró-cura, pró-amor. É um instrumento com o qual qualquer pessoa pode transformar sua vida. Quando normal quer dizer fracasso, quando todos os esforços não trouxeram nenhum resultado, milhões de pessoas hoje se voltam para a magia popular.

Ela é praticada por meninas de 12 anos e homens e mulheres maduros. Profissionais, trabalhadores, advogados e vendedores, todos os tipos diferentes de pessoas fazem feitiços. Pessoas de todas as raças trazem à tona antigos rituais. Um pouco disso é cultural. Uma mexicana morando no sudoeste do Arizona esfrega sua filha, entoando cânticos, com arruda e folhas de alecrim para ajudar a curá-la. Um homem da Louisiana pode parar numa loja para comprar uma vela verde e incenso de pinho para um ritual para atrair riqueza. Havaianos plantam sebes de ki (ou ti)[1] para proteção mágica.

Para aqueles cujos laços com seus ancestrais não estejam tão fortes, uma coletânea de encantos e rituais está disponível para o uso da magia pessoal.

O FEITIÇO

No coração da magia popular está o feitiço. Este é simplesmente um ritual no qual vários instrumentos são propositalmente utilizados, o objetivo está totalmente estabelecido e a energia é direcionada para trazer os resultados desejados.

Feitiços são comumente mal compreendidos pelos não-praticantes. No pensamento popular, tudo o que você precisa para realizar a magia é um feitiço – um feitiço *de verdade,* não aqueles que você encontra em livros: um feitiço passado por um anjo ao Rei Salomão, um feitiço inscrito em algum mitológico livro de trabalho de uma bruxa gaulesa do século XVI, um feitiço de poder indizível. Algumas poucas palavras mágicas, um arrebatar de língua de lagarto e BAM! A magia está lá! Seus sonhos mais selvagens serão realizados – mas somente se você tiver um feitiço de verdade. Mais uma vez, esta é uma visão de alguém de fora.

Na magia popular, feitiços – palavras, cânticos, gestuais com instrumentos – são apenas a forma exterior. A magia real, a movimentação de energia, está dentro do mago. Nenhum poder demoníaco aflora para ajudar o lançador de feitiços. Ao invés disso, o mago – realizando corretamente um feitiço genuíno – constrói o poder dentro de si. Na hora certa, essa força é solta para juntar-se ao trabalho, manifestando o feitiço.

Feitiços efetivos são criados para facilitar isso. Assim, enquanto *feitiços verdadeiros* existem, assim como muitas falsificações, a magia atual não são palavras e instrumentos – ela está dentro do mago. E como a magia antiga, feitiços *de verdade* estão sendo escritos todos os dias. Antigos feitiços não têm mais poder do que novos.

INSTRUMENTOS DO NEGÓCIO

Apesar de o poder pessoal – que reside dentro do mago – ser a mais potente força em movimento na magia popular, praticantes pegam emprestado rituais e feitiços de diversas culturas, utilizando uma grande variedade de equipamentos mágicos. Esses instrumentos são usados para emprestar sua própria energia ao ritual, assim como colocar o mago na vibração mental apropriada para realizar o feitiço.

Os instrumentos da magia popular podem ser objetos físicos que podem ser agarrados com as mãos. Eles também podem ser forças sutis não físicas. Esses instrumentos (descritos adiante com sugestões para uso) incluem:

Cristal de quartzo e outros minerais, gemas e metais. Atualmente, há um grande interesse nos Estados Unidos envolvendo os usos mágicos e metafísicos das pedras. Cristais de quartzo são usados por muitos para aumentar suas consciências, enquanto o lápis-lazúli é carregado para aumentar os poderes psíquicos. *Crystal Power*, de Michael G. Smith, O Livro de Cura das Mulheres (*The Women's Book of Healing*), de Diane Stein, e A Enciclopédia de Cunningham da Magia dos Cristais, Gemas e Metais (*Cunningham's Encyclopedia of Cristal, Gem and Metal Magic*) são excelentes guias para o uso desses instrumentos.

Cores. O poder mágico das cores é surpreendente. Praticantes da magia popular podem mudar a cor de suas roupas para afetar o seu humor. Por exemplo, roupas azuis acalmam temperamentos quentes. Um excelente guia para magia da cor pode ser encontrado no livro *Practical Colour Magic*, de Raymond Buckland.

Ervas, Raízes, óleos e essências. Pétalas de rosa são espalhadas em volta da casa para promover a paz ou são posicionadas, perto de velas, rosas para trazer o amor para a vida do feiticeiro. *Magical Herbalism* e *Cunningham's Encyclopedia of Magical Herbs*, ambos de Scott Cunningham, cobrem este assunto. *Charms, Spells and Formulas*, de Ray T. Malbrough, e *The Magic of Incense, Oils and Brews*, de Cunningham, exploram a magia dos óleos vegetais e dos incensos.

Velas coloridas de todos os formatos. Como destacado no livro já mencionado *Practical candleburning Rituals*, de Raymond Buckland, velas baratas podem ser um poderoso ponto de foco do poder pessoal durante rituais de magia popular. Cores e formatos específicos são utilizados por seu valor simbólico e forças presentes.

Runas, imagens, símbolos, pinturas e gestos. A magia da forma é antiga e esses instrumentos vêm sendo há muito utilizados. *Earth Power*, de Scott Cunningham, contém informações tradicionais relembrando runas e magia simbólica, assim como o *Complete Book of Witchcraft*, de Buckland.

Visualização criativa. A mente é uma força poderosa que o feiticeiro usa durante os feitiços. O livro *The Llewellyn Practical Guide to Creative Visualization*, de Melita Denning e Osborne Phillips, concentra-se especialmente em técnicas de visualização. Na verdade, a maioria dos objetos mágicos é desnecessária para feiticeiros com mentes devidamente treinadas.

Forças Elementais. O uso dos quatro elementos na magia popular data da Grécia Antiga. Terra, Ar, Fogo e Água são recursos de energias poderosas que o feiticeiro pode acessar durante rituais. *Earth Power* destaca diversas técnicas para fazer isso.

Comida e técnicas de culinária. O alimento tem sido há muito visto como sagrado e poderoso. Alguns praticantes hoje em dia escolhem seus alimentos com objetivos mágicos em suas cabeças – como comer chocolate para aumentar a riqueza pessoal. Ingerir certos alimentos para provocar mudanças mágicas é uma velha forma de magia popular. *The Magic of Food*, de Scott Cunningham, mergulha neste assunto.

Cânticos e poesia. Palavras e cânticos ajudam o feiticeiro a focar sua atenção no objetivo do feitiço. A palavra feitiço[2] originalmente se referia a um ritual realizado com palavras proferidas pelos magos. A poesia toca no subconsciente e constrói forças dentro do praticante da magia popular. O livro *The Crone's Book of Words*, um clássico de Valerie Worth, é uma coletânea de feitiços em poema e revela a magia da poesia. Cânticos também fazem parte do livro *Practical Candleburning Rituals*, assim como muitas palavras mágicas da magia popular.

Muitos feitiços e rituais incluem dois ou mais desses instrumentos básicos. Por exemplo, um simples feitiço para induzir a paz envolve *velas azuis, uma ametista, uma mão cheia de pétalas de rosa* e *um cântico de paz.*

Uma vez que está tão intimamente ligada à natureza, a magia popular pode levar em conta os seguintes fenômenos:

As marés, o tempo, as estações. A maré alta é o tempo mais auspicioso para realizar a magia para aqueles que moram perto do mar. Chuvas com raios dão poder extra aos feitiços e as estações marcam o auge e o curso do poder da Terra. *Earth Power,* de Scott Cunningham, contém rituais envolvendo o tempo e as marés.

As fases da Lua. Muitos adeptos praticam magias positivas, benéficas e aquelas indicadas para aumentar o amor, a riqueza e a felicidade durante a Lua crescente, da Lua nova à Lua cheia. Rituais envolvendo a destruição do velho, hábitos negativos e rituais para perda de peso podem ser realizados durante a Lua minguante, da Lua cheia para a nova. Muitas informações tradicionais sobre a Lua podem ser encontradas no livro *Moon Sign Book.*

A hora do dia. Alguns rituais obtêm melhores resultados se realizados depois do escurecer, enquanto outros são muito mais efetivos se feitos nas horas em que o Sol está alto. Ervas, por exemplo, são geralmente colhidas ao amanhecer para se capturar ao mesmo tempo as energias mágicas tanto da Lua (que reina à noite) quanto do Sol (que reina de dia).

OS OBJETIVOS DA MAGIA POPULAR

A magia popular é freqüentemente usada para ajudar nos problemas do dia-a-dia da vida. Isso inclui:

Prosperidade, dinheiro e trabalho.
Paz, alegria, felicidade, amizades.
Amor, fidelidade e problemas de relacionamento.
Problemas de sexualidade.
Saúde e cura.
Proteção.
Purificação e exorcismo.
Processos mentais.
Superar hábitos negativos.

No passado, a magia popular era empregada para aumentar a fertilidade, promover o nascimento de crianças e influenciar pessoas poderosas.

Como eu uso este termo, a magia popular também inclui divinação, previsões e todos os sistemas de descoberta de possíveis tendências para o futuro ou para despertar nossa natural consciência psíquica. Eles podem utilizar instrumentos tais como cartas de tarot, folhas de chá e borra de café, o I Ching, o tremular de chamas, runas, água, bola de cristal, pedras (esmeralda, água marinha e outras pedras cristalinas), objetos limpos ou reluzentes e pontos e números. Formas de divinação também envolvem observar a ocorrência de coincidências, o movimento de animais e pássaros, e nuvens e fenômenos climáticos.

Dentre o grande número de instrumentos e rituais propostos na lista acima, a magia popular é obviamente uma prática extremamente complexa. Sua própria natureza a torna pessoal. Acrescentam-se as enormes variações locais e regionais e a magia popular é, em sua maior parte, difícil de discutir de uma forma mais geral. Apesar disso, há alguns princípios básicos que guiam o praticante da magia popular.

OS PRINCÍPIOS DA MAGIA POPULAR

- Há um poder no Universo.

Esse poder é a força inexplicável por trás das maravilhas que os primeiros humanos encontraram. A Terra, o sistema solar, as estrelas – tudo que está manifestado – é um produto desse poder.

Este poder está também dentro de todas as coisas. Está dentro de humanos, plantas, pedras, cores, formas e sons.

- Essa força pode ser despertada e concentrada.

O poder é "despertado" e direcionado através de dança ritual ou outro movimento físico; através de sons como a música e o canto; pela manipulação de objetos diversos; pela concentração ou visualização mágica.

- Esse poder pode ser "programado" com vibrações ou energias especiais para provocar um resultado específico.

Esse resultado é o objetivo do feitiço. Pode ser muito rápido curar, atrair o dinheiro ou trazer amor para a vida de uma pessoa. O poder é programado através da visualização do mago ou dos instrumentos e tipo de ritual escolhido.

- Esse poder pode ser movido e direcionado.

Esse poder que existe dentro de humanos pode ser movido para outros humanos e para lugares e objetos, e também transferidos de objetos para seres humanos.

É movido e direcionado através da visualização e do uso de ferramentas como imagens, varas, espadas, dedos apontados e concentração.

- Esse poder, uma vez movido, tem um efeito em seu alvo.

Uma vez que esse poder atinge seu destino, ele muda o objeto, a pessoa ou o lugar. Ele faz isso de acordo com suas energias específicas. A forma pela qual o poder muda seu alvo é determinada durante o ritual ou é deixada para as circunstâncias na ocasião de sua chegada.

Esses, em resumo, são os princípios da magia popular. Muitos de seus praticantes não estão conscientemente a par dessas idéias. Outros, certamente, têm diferentes explicações e idéias relativas à magia popular. Entretanto, falando abertamente, os únicos feitiços e rituais efetivos são aqueles que são tão bem construídos que qualquer mago suficientemente envolvido, executando-os corretamente, será capaz de elevar a energia, dar-lhe um propósito (*programá-la*), direcioná-la para seu objetivo e atingir seu alvo.

MORALIDADE

Se feiticeiros executam magia funcional, a seguir devem se assegurar de que esse poder é devidamente empregado. Por isso, um tipo de "moralidade na magia" existe. O fato de magos serem guiados por algum tipo de moralidade pode parecer surpreendente, mas esta base moral possui princípios válidos. O poder que atua na magia popular é apenas isso – poder. Não é positivo ou negativo, "bom" ou "mau". Apenas a intenção e o objetivo do mago que atua com ele determina se a energia é usada para fins de ajudar ou prejudicar.

Ao contrário da crença popular, feiticeiros não lançam feitiços para manipular, magoar, ferir ou matar pessoas. Praticantes da magia popular geralmente fazem sua magia com fins positivos. Certamente, não é verdade dizer que *todos* os praticantes usam a magia de uma forma não-prejudicial, assim como não é verdade dizer que todos os *maîtres* usam suas facas para cortar unicamente cebolas. Entretanto, esses poucos praticantes da magia negativa (prejudicial) estão violando o princípio básico da magia: *Não prejudique ninguém.*

Essa premissa, a idéia por trás de muitos códigos religiosos civis de conduta, é universal. Não prejudicar ninguém significa exatamente isso – ninguém. Nem você, nem seus inimigos, ninguém. Prejudicar inclui danos físicos, emocionais, mentais, espirituais e psíquicos. Manipular os outros se inclui nisso, assim como ferir a Terra e seus tesouros.

Depois de sofrer por séculos de uma bem astuta campanha de desinformação lançada pela religião organizada, muitos ainda acreditam que toda magia é prejudicial. Isso é apenas natural, mas é falso. Os tão afamados magos maus existem, mas são raros. Por quê? Mesmo eles encontram meios mais fáceis de fazer seu trabalho sujo ou eles simplesmente não ficam por aí por muito tempo...

Magia não é um atalho. A projeção de energia é uma expansão da força vital embutida. Socar seu inimigo ou dormir com o par dele é muito mais fácil do que realizar uma magia destrutiva. As razões pelas quais essa regra de "não prejudique ninguém" existe são, em resumo:

Magos respeitam a vida.

Todas as criaturas vivas – incluindo humanos e animais – são manifestações do poder universal. Assim, eles são respeitados – não feridos.

Magos respeitam a Terra.

Reverenciada por muito tempo em religiões através da história e do mundo, a Terra é respeitada como uma das mais intensas manifestações de energia ao nosso alcance. É também uma fonte de poder inacreditável. Assim, magos "caminham gentilmente" em seu lar.

Magos respeitam o poder.

A força universal é definitiva e o poder é inimaginável. A energia que criou galáxias, o DNA, humanos e bilhões de formas de plantas terrestres não é algo a desafiar. É ainda mais tolo abusar desse poder. Muitos praticantes de magia não têm medo desse poder, eles sabiamente o respeitam.

A reverência a essa energia é a base de todas as religiões. Ela tem sido chamada de Deus, Jehovah, Yemayar, deusa, Isis e todas as outras palavras humanas para conceber o divino.

Fazer mau uso desse poder (i.e., despertá-la e direcioná-la para fins destrutivos) é acionar uma corrente de energia negativa. Uma vez que ela começou, uma vez que o mago provocou uma tragédia metafísica, não há volta. O gatilho foi puxado. Ao programar energia pessoal com negatividade, o mago infunde seu poder individual, soltando-o junto. Logo, isso se volta contra o mago.

QUANDO TUDO O MAIS FALHA

A segunda regra da magia popular é: use magia quando tudo o mais falhar. Assim sendo, energia não é direcionada para abrir uma porta, lavar pratos ou dar a partida no carro sem a chave. A nível físico, a magia é geralmente usada apenas como um último recurso, ou em emergências quando todos os outros meios não estão disponíveis. Por quê? Poder pessoal é limitado. Nós não podemos liberar grandes quantidades de energia sem sofrer o lado negativo dos efeitos. Se o mago não está ciente dos métodos de como recarregar esse poder pessoal recebendo energia da Terra, essa deficiência pode se manifestar como fraqueza generalizada, anemia e doenças.

Logo, trabalhar com magia para resolver problemas de fácil solução (ou pior, para impressionar uma platéia) é, senão um abuso, uma perda de tempo e energia. A magia existe para ajudar as pessoas com os incontáveis problemas da vida que não podem ser resolvidos por meios físicos "normais", mas ela não é uma panacéia.

FUNCIONA?

A magia popular tem sido praticada, como já vimos, por dezenas de milhares de anos. Ela é ainda usada hoje por pessoas inteligentes, assim como por ignorantes. Alguns dizem que a continuidade da magia é devido à necessidade desesperada de seus praticantes de acreditar que ela funciona. Outros, praticantes da magia, dizem que ela ainda continua conosco simplesmente porque funciona.

Neste ponto, podemos discutir para sempre. Aqueles que têm empregado a magia para conseguir os resultados esperados não precisam mais ser convencidos. Aqueles que não a praticaram – ou que não tiveram sucesso – relutam em admitir que ela pode funcionar.

A magia está lá para aqueles que desejam praticá-la. Ela dá os recursos para que indivíduos tomem o controle de suas vidas. Isso não acontece pela manipulação da natureza, pela dominação ou pelo comando. Em vez disso, magos trabalham *com* as forças da natureza e o seu próprio poder pessoal.

Esse aspecto da Bruxaria resultou de a magia popular ser um poder do povo, não de uma religião organizada, nem de políticos, autoridades ou grupos. Isso a tem sustentado através do milênio. Dentre seus praticantes, há um prosseguimento de tradição e cultura, uma ligação com ancestrais que há muito partiram, uma afirmação da importância cultural. Isso, também, é uma razão para a sua sobrevivência.

Sim, a magia funciona. Pergunte aos seus praticantes. Mas ela não detém o monopólio da sabedoria – as técnicas usadas na magia popular não são mais ou menos efetivas do que aquelas empregadas na magia cerimonial ou na magia baseada na religião. Os objetivos e ferramentas da magia popular podem ser diferentes, mas os resultados são os mesmos.

MAGIA POPULAR *VERSUS* MAGIA CERIMONIAL

A magia cerimonial ou magia ritual é um sistema contemporâneo construído em torno da antiga magia suméria, egípcia, indiana e semita, com influências da arábica e, depois, do pensamento cristão. A Maçonaria também contribuiu para a atual estrutura da magia cerimonial, assim como as sociedades secretas que eram muito populares na Grã- Bretanha e através da Europa no final do século XVIII.

As ferramentas, estrutura ritualística, terminologias e objetivos da magia cerimonial são, geralmente – mas nem sempre –, centradas na união com o divino, com perfeição e consciência ampliada. Ou, como é comumente descrita, conhecimento de seu anjo da guarda e o poder de conversar com ele.

Falando de uma forma mais geral (o que é sempre um ato perigoso), a magia cerimonial não está preocupada com os objetivos da magia popular: amor, recuperação da saúde, dinheiro, felicidade e bem-estar. Quando essas necessidades são direcionadas na magia cerimonial, são como um meio e não como um fim – que é alcançar a união mencionada acima. Em contraste, a magia popular resolve problemas com seus rituais e raramente olha mais longe.

Diferentemente da magia popular, a magia cerimonial é geralmente religiosa por natureza. Enquanto seus praticantes não adotam nenhuma filosofia religiosa, eles certamente estão preocupados em contatar e se conectar com uma deidade, que é visualizada. Por causa disso, eles pegam emprestadas formas e padrões de rituais de religiões passadas e presentes.

Alguns grupos cerimoniais, como *The Golden Dawn* (A Alvorada Dourada), se basearam na mitologia egípcia ao criar seus trabalhos mágicos. Muitos dos rituais usados por um grupo dissidente desta corrente mágica do final do século XIX e início do século XX foram publicados em *The Golden Dawn*, de Israel Regardie, talvez um dos livros de magia mais importantes já impressos.

Os clássicos grimórios, ou livros de magia, da Idade Média e Renascença incluem invocações a Jeová, Adonai, Deus e outras entidades judaico/cristãs. Isso não é heresia ou zombaria, mas o produto de uma interpretação diferente dos mitos cristãos. Isso está longe da magia popular, cujo poder é enviado sem a invocação de divindades. Nessa área, a magia popular e a cerimonial têm muito pouco em comum.

Para maiores informações sobre magia cerimonial contemporânea, consulte *Modern Magick*, de Don Kraig; *The New Magus*, de Donald Tyson; *Mysteria Magic*, de Denning & Phillips; e *The Golden Dawn*, de Israel Regardie.

MAGIA RELIGIOSA

Magia religiosa é aquela que é realizada em nome de, ou com assistência de, deidades. Tem sido praticada por pessoas em todo o mundo, em todas as épocas da História.

Nos tempos antigos, divindades dos campos, das montanhas, das nascentes e dos bosques eram invocadas durante a magia. A Lua e o Sol eram vistos como divindades (ou representações deles), e eram chamados durante um ritual mágico. Essa era, talvez, a mais pura forma de magia religiosa.

Rezar é, essencialmente, um rito de magia. Quando um indivíduo reza fervorosamente, pedindo por uma bênção, ou um carro novo, ou um marido ou esposa carinhoso, o devoto (sem saber) direciona poder pessoal através da oração para a divindade. O envolvimento emocional da pessoa com a oração a "programa". Isso é feito em cima da suposição de que a divindade vai enviar a energia para o lugar certo e trazer ao devoto a manifestação.

Algumas vezes, o poder divino é trazido por intermédio de um padre ou pastor e direcionada para entrar em certos objetos. Essa forma de magia religiosa inclui a criação e uso de medalhas abençoadas, crucifixos e folhas de palmeira usadas por alguns católicos para favores especiais. É também o princípio da transubstanciação.

Um exemplo extremo da magia religiosa não-ortodoxa (ou seja, não realizada por sacerdotes ou outros oficiais da igreja) é a prática comum medieval de roubar hóstias consagradas das igrejas católicas para usar em feitiços de amor, rituais de cura, etc. *Isso era feito pelas pessoas que esqueceram a magia popular – não por Bruxos. Bruxos tinham sua própria magia.* Certamente não era uma zombaria do Catolicismo ou Cristianismo. Pelo contrário, era um reconhecimento do poder da religião e seus padres.

Uma vez que o Cristianismo se estabeleceu pela Europa, alguns praticantes da magia popular redirecionaram seus caminhos para a magia religiosa. Se isso era uma tentativa de salvar seus pescoços ou era o resultado de uma verdadeira conversão à nova fé ainda está aberto a especulações.

Em certa época, uma mulher que desejasse preparar um encanto herbário para proteger sua criança colheria as ervas entoando palavras antigas, pedindo à planta para fazer seu sacrifício para o benefício dos humanos. Ela colocaria as ervas num tecido e colocaria este encanto em volta do pescoço da criança.

Depois da subida do Cristianismo ao poder, as ervas eram colhidas com orações a Jesus, Deus ou à Virgem Maria. Santos eram freqüentemente invocados (pelo menos pelos católicos). Por vezes, cozia-se uma cruz no tecido, símbolo da nova religião. Finalmente, o "encanto mágico" era levado a uma igreja para ser abençoado por um padre. Isso marcou o movimento de grande parte da magia popular para os domínios da magia religiosa.

Acender uma vela para uma divindade e pedir por um favor é uma outra forma de magia religiosa, assim como qualquer outro tipo de súplica ou invocação a poderes superiores, como na moderna magia wiccana.

A magia religiosa é, naturalmente, malvista pelos oficiantes das religiões em questão. Roma não pode ficar muito feliz com o fato de que muitos mexicanos-americanos usam medalhas com imagens de santos com propósitos mágicos, mas eles o fazem. Uma introdução para a magia mexicana-americana pode ser encontrada no livro *Brujeria: A Studie in Mexican-American Folk Magic*, de M. V. Devine. A complexidade da magia é aparente nesse título pouco comum.

Qualquer forma de magia popular pode ser realizada por magos cerimoniais ou num contexto religioso. Quando isso ocorre, ela deixa de ser magia popular.

A CONTINUAÇÃO

Magia popular não é religiosa e não é magia cerimonial. Ela se firma como uma prática exercida por pessoas sem medo de mergulhar mais fundo nos mistérios da natureza e que relutam em deixar que a vida as domine quando os problemas se levantam.

Como um dos maiores componentes da Bruxaria, a magia popular está profundamente enraizada no nosso inconsciente. Mesmo aqueles que professam não ter nenhuma crença no oculto ou interesse pela magia podem praticá-la. A noção de que usar uma gravata da sorte vai garantir o sucesso numa transação comercial ainda está viva. Assim como a idéia de que vestir determinada roupa (blusa, suéter, sapatos) numa certa data vai assegurar as chances de uma mulher encontrar o par certo. Encantamentos de boa sorte ainda são carregados por indivíduos sérios. Pensamento positivo é simplesmente uma forma de magia mental popular. Milhões de pessoas buscam métodos divinatórios para responder questões relativas ao futuro.

Vestígios da antiga magia popular estendem-se por nossas vidas cotidianas. Soprar velas num bolo de aniversário, fazer desejos às estrelas, jogar moedas em poços, tilintar taças em brindes e incontáveis outros pequenos rituais ainda são praticados hoje da mesma forma como quando foram criados.

A magia popular não morreu pelas perseguições ou pelas campanhas religiosas, nem as guerras e a Revolução Industrial a detiveram. Ela está viva hoje, ajudando pessoas a ajudarem a si mesmas.

WICCA

A magia popular – a magia do povo – é apenas a metade do que chamamos Bruxaria. A outra metade é a religião conhecida como Wicca. Wicca não é magia religiosa, apesar de seus praticantes estarem envolvidos com magia. Também não é uma religião mágica. Wicca é uma religião que abraça a magia, lhe dá as boas-vindas e a pratica – mas a magia não é o coração da Wicca.

A moderna religião ocidental, dizem os wiccanos, está desequilibrada. A divindade é geralmente referida como Deus, em oposição à Deusa. Deus, o Pai, é um termo comum. O conceito de salvadores homens, que descende diretamente das divindades masculinas, é amplo, mesmo fora do Cristianismo. Os sacerdotes religiosos, tais como padres e pastores, são geralmente homens, apesar disso estar lentamente mudando enquanto as mulheres pedem uma voz na espiritualidade. As religiões contemporâneas focam muito sua atenção na masculinidade.

Os wiccanos são diferentes. Eles vêem a natureza como uma manifestação da divindade. Por causa disso, eles acreditam que o fato de uma divindade masculina ser reverenciada sem o seu contraponto feminino é, na melhor das hipóteses, metade certo. Ambos os sexos existem na natureza. Se a natureza é uma manifestação da divindade, então a divindade também se manifesta em formas masculinas e femininas. Assim, a moderna Wicca geralmente é centrada na reverência à Deusa e ao Deus como aspectos do poder universal. *Ambos*; nem um, nem outro.

Tal conceito certamente não é novo. Antigas religiões estão repletas de divindades de ambos os sexos. Crenças em várias partes do mundo hoje também estão alinhadas com este conceito. Onde antigas religiões ainda florescem, livres dos efeitos de missionários bem-intencionados, mas destruidores de cultura, deusas e deuses ainda são adorados.

E assim a Wicca é uma religião construída em torno dessas duas deidades igualitárias, a Deusa e o Deus. Acredita-se que essas divindades sejam energias gêmeas ou manifestações não-físicas do poder discutido aqui na seção sobre magia popular.

Assim que as primeiras pessoas começaram a praticar magia popular, alguns também começaram a sentir presenças ou personalidades dentro desta força. Esse foi o advento de toda religião. A Wicca está em harmonia com antigas práticas e crenças religiosas. Não é um passo atrás, nem um tapa na face do Cristianismo ou qualquer outra religião contemporânea baseada no masculino. A Wicca é uma religião alternativa, uma que está completando seus adeptos.

BRUXA!

Agora, nos voltamos para a temida, ridicularizada, erroneamente usada palavra bruxa ou bruxo. Bruxas, as pessoas ainda lhe dirão isso, são mulheres velhas e feias que venderam suas almas ao diabo, que trabalham para destruir o Cristianismo, matam seus bebês e comem lagartos no almoço. Além disso, acredita-se que as bruxas pertençam a uma igreja satanista organizada.

Muitos que se apegam a essa idéia parecem realmente acreditar que tais pessoas existam. De onde veio esse conceito? Exatamente – da mesma campanha religiosa que pregou o fim da prática da magia popular. Quando uma religião declara guerra, ela o faz com tal crueldade. Pense na atual situação do Oriente Médio e da Irlanda. Apesar de haver mais do que religião envolvida nesses exemplos, ela é o coração dos conflitos. Ambos os lados numa guerra religiosa acreditam que Deus está do seu lado.

Muitos indivíduos acreditam que tais pessoas bizarras – as bruxas estereotipadas – realmente existiam e ainda existem. Deve ter havido algumas mulheres que encarnaram a imagem bizarra de uma bruxa – pessoas completamente malucas que, com mais nada para atacar, resolveram se voltar contra a religião convencional e suas próprias famílias. Através de um misto de fantasia e psicose, elas se tornaram os personagens que o Cristianismo inventou. Mas elas não eram bruxas.

Uma religião organizada, estruturada, anticristã e envolvida com "adoração ao diabo" –

como descritos por cristãos do passado e do presente – nunca existiu e ainda não existe. Além do mais, apenas um cristão pode acreditar no diabo.

Wiccanos têm suas próprias crenças e rituais que não possuem relação nenhuma com o Cristianismo. Então, wiccanos não vendem suas almas ao diabo nem estão tentando corromper o mundo.

As acusações de bruxas (wicannos) matarem seus bebês é absurda, pois os wiccanos, assim como os praticantes da magia popular, *respeitam a força da vida*. Eles não matam bebês ou qualquer outra coisa. Logo, este conceito de bruxa é falso.

Alguns wiccanos não utilizam a palavra bruxo para se descreverem. Depois de séculos de associação negativa com este nome, eles preferem ser chamados de wiccanos. Outros wiccanos orgulhosamente se intitulam bruxos, até mesmo em entrevistas de televisão e capas de livros. Confundindo mais ainda, muitos praticantes da magia natural se auto-intitulam bruxos sem nenhuma ligação com wiccanos.

A Bruxaria, de fato, é o ofício do bruxo ou bruxa. Esse ofício é magia popular. Alguns wiccanos estendem isso para incluir os rituais religiosos da Wicca. Assim, a bruxaria é mágica e ritual. Wiccanos podem se auto-intitular bruxos, mas praticantes da magia popular raramente se designam como wiccanos. Logo, wiccanos são aqueles que praticam a religião da Wicca, independentemente de eles se auto-intitularem bruxos ou não.

A RELIGIÃO DA WICCA

Religiões são organizações dedicadas a reverenciar divindades. Muitos wiccanos reverenciam a Deusa e o Deus, mas há enormes diferenças nas crenças básicas e práticas ritualísticas dos wiccanos contemporâneos.

A Deusa e o Deus são as forças primárias feminina e masculina. Eles são, em um sentido, dois aspectos iguais, porém opostos do poder do Universo. O ritual wiccano os celebra. Há mitos nos quais a Deusa e o Deus interpretam seus papéis. Geralmente, estão intimamente ligados às estações, ao Sol e à Lua. Alguns mitos wiccanos lembram antigas histórias de deidades sumérias e gregas.

Dentro do conceito de Deusa e Deus estão todas as deidades que já existiram. A Deusa é a força feminina, a donzela, a mãe e a anciã. Ela é toda mulher, toda fertilidade. Ela é vista na Lua, nas águas, no amor e na vida. O Deus é a força masculina. Ele é o caçador cornífero e a terra dos campos. Ele é visto no Sol e no fogo, na paixão e na vida.

Wiccanos freqüentemente desenvolvem um relacionamento pessoal com a Deusa e o Deus.

Estes não são divindades frias e distantes que existem em algum lugar do espaço. Eles são tão reais quanto a chuva, o vento e a Terra. Estas são as divindades reverenciadas dentro da Wicca – não Satã, o diabo ou qualquer outro conceito cristão de entidade.

INICIAÇÃO

No passado, a Wicca era primariamente uma religião secreta iniciatória. Nessa Wicca tradicional, a maioria dos praticantes era integrante de covens – grupos de wiccanos que se encontram para estudar, reverenciar e praticar a magia. Alguns desses covens eram inicialmente organizações de treino que variavam seus membros. Outros mantinham a identidade do grupo coesa e raramente permitiam novos membros. Isso é ainda realidade hoje, mas muitos covens não-tradicionais agora existem. Alguns são não-iniciatórios, outros são auto-iniciatórios.

Covens são geralmente limitados a 13 membros, mas alguns podem ter menos. Esse número é um simbolismo dos meses lunares. É também, como se diz freqüentemente, o número máximo de pessoas capazes de caber facilmente num local para ritual, o "círculo mágico" ou esfera criada em primeiro lugar por todo rito wiccano. Diferentemente de muitas outras tradições, wiccanos não erguem construções físicas para realizar seus trabalhos. Muitos covens tradicionais são liderados por uma alta sacerdotisa e um alto sacerdote. Estes são, geralmente, wiccanos que, depois de anos de treino e experiência, passaram por três iniciações separadas, o que lhes permite liderar um coven e ensinar a Wicca aos outros.

Rituais tradicionais de iniciação são geralmente experiências dramáticas. Se a cerimônia é devidamente realizada, a pessoa que passa pelo ritual é profundamente mudada – emergindo com uma nova identidade como um membro da Arte, termo a que se refere freqüentemente a Wicca. Tais cerimônias de iniciação são universais, em grupos secretos e mágicos. Na Wicca, o ritual de iniciação é indicado não apenas para apresentar a pessoa à Deusa e ao Deus como uma wiccana, mas também para expandir seus limites para outros estados de consciência e da realidade das energias não-físicas. O candidato pode ter que passar por algum tipo de morte simbólica (como ser coberto por uma grossa roupa negra) apenas para "renascer" na Wicca. Ao iniciado deve ser dado um nome wiccano e ele será presenteado com instrumentos mágicos. Finalmente, o novo wiccano é apresentado à Deusa e ao Deus.

Apesar de muitas iniciações wiccanas serem secretas, muitas outras têm sido publicadas e estão disponíveis para estudos. As palavras sozinhas em tais rituais são meramente ecos da magia que atua durante a verdadeira iniciação.

TRADIÇÕES

Tradições wiccanas (ou grupos organizados e espalhados de covens) são variadas, embora a maioria adote a filosofia básica da Wicca. Algumas são fundadas e popularizadas por figuras agora quase lendárias do passado recente. Muitas estão ligadas a uma cultura ou região específica. Tradições britânicas freqüentemente invocam deidades bretãs, tais como Kerridwen, Kernunnos, Dagda, Tara e muitos outros. Tradições com orientação grega ou romana podem chamar Diana, Pan, Faunus e Demeter. Os nomes que wiccanos dão à Deusa e ao Deus não são importantes. Eles são simples chaves para contatar e se comunicar com as divindades.

Cada tradição possui sua própria gama de rituais, leis e ritos mágicos, muitas vezes específico daquela tradição unicamente. Essa informação é geralmente contida num livro chamado Livro das Sombras. No passado, esse livro – a chave para a tradição – era escrito à mão por cada novo iniciado após sua admissão no coven. Isso ainda ocorre hoje, mas muitos grupos não-tradicionais fazem cópias do livro. Outros (particularmente wiccanos solitários) podem fazer seu próprio livro.

Uma grande variedade de práticas ritual é encontrada em diferentes tradições wiccanas, e há quase sempre pouco em comum com os vários aspectos da cerimônia. Por exemplo, algumas tradições focam na reverência à Deusa e relegam o Deus ao papel de consorte. Muitas tradições usam mantos, enquanto outros praticam o ritual despidos. Por causa dessas diferenças, há alguma rivalidade entre os wiccanos. Em geral, cada tradição acredita que o seu jeito é o único jeito wiccano.

Os anos 1980 assistiram ao nascimento de novas formas não-tradicionais de Wicca. Muitos estão se voltando em segredo para rituais iniciáticos e covens organizados e estruturados. Wiccanos estão realizando auto-iniciações mais do que a recebendo de outros. Antigas formas de ritual estão sendo postas de lado em favor de espontaneidade. E muitos wiccanos hoje em dia preferem praticar sua religião sozinhos.

A WICCA SOLITÁRIA

Sempre houve wiccanos sós ou solitários. Normalmente, há pessoas que não ficaram satisfeitas com covens ou não tiveram a oportunidade de entrar em contato com um grupo secreto.

Até recentemente, wiccanos solitários que não receberam a iniciação praticavam sua religião da melhor maneira que podiam, pegando sugestões de livros e conferências. Um dos primeiros desses livros de informações era o *Witchcraft from the Inside*, de Raymond Buckland. Este é um assunto ligado à Wicca Gardneriana, uma das maiores tradições britânicas. Nenhum "manual de treinamento" wiccano tinha sido publicado abertamente até o momento e muitos covens ainda estão cautelosos em entregar seus rituais a não iniciados.

Isso é passado. Muitos autores wiccanos qualificados, concordando com os ideais do movimento atual da Wicca não-tradicional, têm produzido livros contendo uma farta gama de informação wiccana tradicional, assim como contemporânea. Muitos oferecem rituais completos e instruções para o aprendizado.

Um desses é o *Buckland's Complete Book of Witchcraft*. Escrito por Raymond Buckland, uma das primeiras figuras wiccanas dos Estados Unidos, é um guia para os aspectos básicos da religião wiccana. O livro também contém muito da magia popular comumente praticada pelos wiccanos.

Admitindo a necessidade de textos confiáveis para wiccanos solitários, Scott Cunningham terminou um livro chamado *Wicca: A Guide for the Solitary Practitioner*. Este livro, publicado pela Llewellyn, contém um novo Livro das Sombras para o estudante interessado usar para aprender e experimentar a Wicca, além de estruturar uma tradição pessoal wiccana.

A ESPIRITUALIDADE DAS MULHERES

Com o nascimento do verdadeiro movimento pela liberação da mulher nos anos 1960, muitas mulheres ficaram desencantadas com a religião ortodoxa. Algumas encontraram a Wicca e iniciaram uma nova vertente não-tradicional feminista, ou a Wicca das Mulheres.

Liderando este movimento, estava a publicação de Z. Budapeste, *The Feminist Book of Lights and Shadows*, posteriormente revisado e publicado como *The Holy Book of Womens's Mysteries Volume 1*. Um segundo volume também foi lançado.

1987 assistiu à publicação de Diane Stein, *The Women's Spirituality Book*. Este trabalho se aprofunda na espiritualidade da Deusa e na Wicca das Mulheres, além de conter muita informação mágica.

Muitas mulheres vêem a Wicca como uma religião ideal, por sua sabedoria e sua reverência ao aspecto feminino da Divindade. Alguns covens feministas se envolveram pesadamente na política num esforço de assegurar uma merecida igualdade social para as mulheres. Muitos são bastante ativos em campanhas antinucleares.

Alguns covens feministas são grupos "apenas para mulheres" e podem até não invocar o Deus em seus rituais. Este é o resultado de milhares de anos de religião dirigida para o masculino. Apesar de tais grupos serem certamente wiccanos, eles estão tão desequilibrados, espiritualmente falando, quanto aquelas religiões que reverenciam unicamente uma divindade masculina. Outros covens apenas para mulheres reconhecem o Deus – freqüentemente como um aspecto da Deusa.

Entretanto, muitos wiccanos afirmarão que a Deusa e o Deus são iguais, mas diferentes metades do todo: aquela fonte de poder indefinível, universal, onipresente. Na Wicca de hoje, há salas para todas as escolas de pensamento.

Apesar da Wicca feminista ter sido vista como uma não-tradicional vertente iniciante (ou seja, não válida) pelos wiccanos tradicionais, ela conquistou seu próprio espaço e agora é um movimento crescente e influente dentro da Wicca. Está, certamente, completando a necessidade das mulheres de redescobrir a Deusa dentro de si mesmas.

O ANO WICCANO

Todas as religiões possuem calendários secretos contendo vários dias de poder ou épocas associadas a determinadas divindades. Muitos wiccanos realizam rituais pelo menos 21 vezes por ano. Treze celebrações de Lua Cheia, geralmente voltadas para a Deusa, e oito *Sabats*, ou festivais solares, relacionados ao Deus. Alguns wiccanos se encontram com seus covens para realizar estes rituais, enquanto outros os praticam sozinhos.

A Lua é um símbolo antigo da Deusa. Incontáveis religiões reconheceram a Lua com ritos e cerimônias. Wiccanos modernos costumam se encontrar (se membros de um coven) nas noites de Lua Cheia de cada mês para culto e rituais mágicos.

Os *Sabats* são baseados nas estações. Eles estão ligados às antigas épocas de plantio e colheita européias, assim como a ritos de caça.

Em essência, os *Sabats* contam a história do Deus e da Deusa. Em forma de festival, eles revelam uma lenda wiccana sazonal e agrícola. Quatro deles estão relacionados aos solstícios e equinócios astronômicos.

Resumidamente, aqui estão os oito *Sabats* da Wicca e alguns dos simbolismos geralmente aceitos por cada um. Os nomes dos vários festivais diferem bastante de tradição a tradição. Os adotados aqui são os mais comumente encontrados nos grupos wiccanos baseados em tradições britânicas[3].

DE *SAMHAIN* A *MABON*

Muitos wiccanos começam seu ano com o *Samhain* (31 de outubro)[4]. Nessa noite, eles reverenciam seus amigos e pessoas queridas que passaram para a outra vida. Uma vez que os wiccanos adotam a doutrina da reencarnação, este não é um festival completamente sombrio. Muitos wiccanos também marcam a morte simbólica do Deus Cornífero nessa noite. Samhain está ligado à chegada do inverno e a antigos rituais de caça.

Yule (cerca de 21 de dezembro; a data real varia anualmente)[5] celebra o renascimento do Deus através da Deusa. É a vida no meio da aparente morte do inverno. Isso não é uma piada com o dia sagrado do Cristianismo. O Solstício de Inverno é um antigo festival pagão que os primeiros líderes cristãos adotaram como o nascimento simbólico de Jesus.

Imbolc (dia primeiro ou dois de fevereiro)[6] é o período em que a Deusa se recuperava, simbolicamente, de ter dado à luz ao Deus. É um festival de purificação e fertilidade.

Ostara (cerca de 21 de março)[7], o Solstício de Primavera, marca o primeiro dia da primavera. É o tempo de despertar a Terra (a Deusa), enquanto o Sol (o Deus) cresce em poder e calor.

Em 30 de abril é celebrado *Beltane*[8]. Neste festival, o jovem Deus se aventura na masculinidade.

Ele e a Deusa (sua mãe/amante) se unem e produzem a generosidade da natureza. Isso não é incesto. É um simbolismo da natureza. No pensamento wiccano, a Deusa e o Deus são um, unidos. Eles são o duplo reflexo do poder por trás do universo.

Meio do Verão (cerca de 21 de junho)[9] é o ponto no qual as forças da natureza estão no seu auge. Wiccanos se unem para celebrar e praticar a magia.

Lughnasadh (primeiro de agosto)[10] é o começo mais difícil. O Deus enfraquece conforme os primeiros grãos e frutos são colhidos. *Lughnasadh* é celebrado como um ritual de graças.

Mabon (cerca de 21 de setembro)[11] é o segundo mais difícil. O Deus se prepara para deixar sua mulher para trás enquanto os últimos frutos são juntados para alimentar todas as pessoas. O calor é menor a cada dia.

Samhain segue o *Mabon*, e o ciclo de rituais está completo.

INSTRUMENTOS RITUAIS WICCANOS

Religião é reverência à Divindade. Vários instrumentos, símbolos e rituais são utilizados nessa reverência. Alguns deles são usados com propósitos mágicos.

Wicca, como uma religião centrada na Deusa e no Deus, utiliza instrumentos, símbolos e rituais únicos. A maioria deles não é encontrada em nenhuma outra religião moderna. Muitos instrumentos wiccanos são utilizados por todas as tradições, mas as informações seguintes são uma generalização, recolhidas de um certo número de tradições wiccanas. Há muitas diferenças de grupo para grupo. Não há universalidade nos rituais wiccanos.

No centro das cerimônias wiccanas está o altar. Este pode ser uma mesa, uma pedra, um toco de madeira, uma clareira no chão. No altar, vários objetos são colocados. Estes podem incluir:

Imagens da Deusa e do Deus. Podem ir desde figuras esculpidas em madeira a representações abstratas como pedras redondas, bolotas de carvalho ou outros símbolos naturais. Alguns wiccanos usam duas velas para representar suas divindades. Em todo caso, as imagens não são vistas como habitações da Deusa e do Deus; elas são simplesmente símbolos.

O *athame*, ou a *faca ritual*. É uma faca de cabo preto que não é usada para sacrifícios. Na verdade, a maioria dos wiccanos não utiliza suas facas para cortar. É uma ferramenta usada para direcionar poder do corpo para o mundo exterior. Segundo algumas tradições wiccanas, o athame é um símbolo do Deus. Uma espada pode ser usada no lugar do athame.

A *varinha* é muito parecida com aquelas utilizadas nas primeiras cerimônias mágicas. É geralmente feita de madeira e pode conter símbolos gravados ou ser incrustada com pedras. Algumas são feitas de prata. A varinha é um instrumento de invocação, de convite à presença da divindade durante o ritual.

O *caldeirão* é um recipiente largo de metal, geralmente feito de ferro. É visto como um símbolo da Deusa. Dentro dele, fogo pode ser aceso, ou pode-se enchê-lo com água e flores. A despeito dos preconceitos populares, poções não são criadas no caldeirão.

O *pentagrama* é um pedaço achatado de metal, argila, madeira ou outro material natural. Nele são gravados ou entalhados vários símbolos. Um desses símbolos é o pentagrama, a estrela de cinco pontas usada na antiga magia (ao contrário do que evangélicos televisivos e cristãos radicais têm pregado recentemente, o pentagrama não é um símbolo satânico). O pentáculo é algumas vezes utilizado como base na qual outros instrumentos e objetos são colocados enquanto são carregados com energia durante um ritual.

A *taça,* ou cálice, é outro símbolo da Deusa. Pode conter água ou vinho que é ritualmente bebido.

O *incensório* é um queimador de incenso. Como nas antigas religiões, wiccanos geralmente queimam incenso durante rituais em honra às divindades.

Sal grosso e água são freqüentemente encontrados em altares wiccanos. Misturadas, essas duas substâncias formam um líquido purificador que pode ser aspergido na área do ritual.

Cordas de vários materiais naturais podem se apresentar no altar. Apesar do significado das cordas variar, geralmente simboliza o mundo material e a manifestação. Elas também simbolizam a união dos membros do coven e a ligação entre as divindades e os wiccanos.

A *vassoura* é algumas vezes utilizada como um instrumento de purificação, para varrer ritualmente a área antes do trabalho. Depois, ela pode ser deixada atrás do altar.

Outros objetos algumas vezes encontrados no altar incluem uma *bola de cristal de quartzo*, símbolo da Deusa e usada para despertar poderes psíquicos; *flores e ervas frescas*, representando a generosidade da natureza; *sinos e outros instrumentos musicais*, usados para criar músicas sagradas; *espelhos ou outras superfícies reflexivas*, que são símbolos da Deusa, e muitos outros itens.

A maior parte desses instrumentos é utilizada em ritual para diversos propósitos, dentre eles os seguintes:

Para criar a área de culto. Uma vez que wiccanos raramente possuem construções exclusivas para trabalhos de ritual, um espaço sagrado é criado em cada ritual. O athame e, algumas vezes, a varinha são usados para este propósito. A água e o sal, assim como a vassoura, podem ser usados para purificar a área. O incensório também funciona aqui, pois cria uma atmosfera apropriada através do aroma.

Para invocar a presença da Deusa e do Deus durante o ritual. A varinha é o principal instrumento utilizado para este fim.

Para servir como pontos de focos de poder durante o ritual. Pode ser a bola de cristal ou um objeto sobre o pentáculo. Alguns grupos utilizam o caldeirão.

Para direcionar a energia para o seu destino. O athame é o mais amplamente usado para direcionar energia.

Alguns wiccanos não permitirão que outros toquem seus instrumentos. Eles são sagrados e devem ser separados para propósitos rituais. Devem ser guardados e retirados apenas para uso específico. Outros constantemente utilizam seus instrumentos, acreditando que quanto mais se trabalhar com eles (mesmo que com suas capacidades não-rituais), mais efetivos eles serão em suas mãos com a energia deles.

RITUAIS WICCANOS

Os rituais wiccanos são variados. Tradições wiccanas específicas possuem padrões de rituais particulares que são geralmente seguidos à risca. Por outro lado, wiccanos não tradicionais podem criar novos rituais para cada ocasião. E alguns grupos (ou indivíduos) realizam ritos espontâneos, cantando ou se movendo ou falando conforme eles sentem que devem.

Alguns componentes rituais básicos são encontrados na maioria dos rituais wiccanos. Novamente, eles são muito variados; essas são apenas generalizações. Muitos trabalhos começam com a criação do espaço sagrado. Este espaço é freqüentemente chamado de círculo sagrado, círculo de poder ou esfera de poder. Basicamente, é uma criação de uma esfera de energia circundando a área do ritual. Essa esfera é criada movendo o poder pessoal para fora do corpo, direcionando-o através do athame e então, com visualização, transformando-o numa esfera de energia luminosa que envolve a área do ritual. Metade dessa esfera fica acima do solo. A outra metade fica abaixo. O local onde essa grande esfera de energia corta o solo marca o círculo mágico – por isso seu nome.

Este círculo é considerado o local mais preparado para saudar a Deusa e o Deus. Durante a magia, ele contém e concentra energia até que ela é liberada na direção de seu alvo.

Uma vez que a esfera é formada, o ritual realmente começa.

AS QUATRO TORRES

Assim que o círculo mágico é formado, muitos wiccanos realizam invocações às quatro Torres – ou seja, às quatro direções. Guardiões ou Reis ou Rainhas dos Elementos podem ser chamados para presenciar o ritual com fins de proteção ou para emprestar suas energias especiais. Em alguns grupos, essas quatro invocações podem ser feitas por quatro indivíduos, enquanto em outros a alta sacerdotisa, ou o alto sacerdote, pode fazê-lo.

A seguir, ou algumas vezes, antes de tudo, a Deusa e o Deus são invocados para testemunhar os rituais. *Como* isso é feito fica a critério do grupo ou indivíduo envolvido. Muitos se fiam em palavras; outros podem entoar cânticos, cantar, tocar instrumentos ou dançar. A forma não é importante. O que é importante é que as invocações sejam bem-sucedidas.

Alguns wiccanos vêem a Deusa e o Deus como se descessem do Alto para presenciar os ritos. Outros acreditam que eles residam na Terra e os chamam dali. Mais comumente, a Deusa e o Deus são vistos como residindo dentro de cada um, e a invocação é meramente um instrumento que os wiccanos usam para se tornarem mais conscientes de sua presença.

Uma vez que eles tenham sido invocados, o trabalho realmente começa. Se este encontro é um *Sabat*, um ritual sazonal geralmente é realizado. Isso pode envolver passagens faladas, encenação de mitos e demonstrações dramáticas dos atributos da estação, como espalhar folhas do outono ou colocar flores de primavera em volta do círculo mágico ou no altar.

Se o ritual é um *Esbat*[12], uma invocação é falada, cantada ou entoada para a Deusa em seu aspecto lunar, e então o trabalho mágico começa.

Em *Sabats*, os ritos sazonais precedem os trabalhos mágicos, se houver. Depois, vários wiccanos praticam várias formas de artes divinatórias. *Samhain* é um *Sabat* no qual isso geralmente é feito.

Em seguida, vem uma refeição ritual. Esta geralmente consiste de vinho, cerveja clara ou sucos de fruta e bolos cortados em forma de Lua Crescente. Longe de encenar uma paródia da comunhão cristã, wiccanos estão seguindo os passos de antigos rituais gregos e do Oriente Médio, nos quais certos alimentos – incluindo os bolos em lua crescente – eram apreciados. Quando um coven se junta para um *sabat*, uma festa sempre ocorre, criada com os pratos que os membros sempre trazem.

Depois da refeição, a esfera mágica é "quebrada" ou "aberta". Esta é a dispersão cerimonial do poder ali criado. O ritual está feito. E é isso. Sem pactos com o diabo, sem orgias, sem sacrifícios, sem obscuros tratos com demônios.

VESTIR-SE OU NÃO

Um dos principais pontos em que os wiccanos têm sido atacados é o uso de rituais com nudez. Muitos wiccanos praticam o nudismo durante o ritual. Esta é a antítese de usar sua melhor roupa no domingo, uma abolição dos elaborados trajes rituais usados freqüentemente por outras religiões.

Mas muitos outros wiccanos, talvez a maioria, usam mantos durante seus rituais. Alguns até entram no círculo com roupas de rua.

Quem está de fora aponta para a nudez ritual wiccana e zomba, dizendo: "Viu? Eles estão nus. Isso *prova* que eles têm orgias!"

Bem...

Muitos médicos, advogados, pessoas de negócios e membros de religiões ortodoxas são nudistas, mas poucos os acusam de serem indulgentes com adorações ao diabo e orgias. A falsa crença de que a nudez social inevitavelmente leva ao sexo é o resultado de dois mil anos de puritanismo, promovido por uma nova religião determinada a apagar todos os traços do paganismo.

Qualquer pessoa racional e bem-ajustada que tenha visitado uma praia de nudismo, espaço onde vestir-se é opcional, ou campo de nudismo, logo perde a novidade. Quando as pessoas estão nuas por outras razões que não o sexo, a excitação logo se esvai.

Alguns wiccanos dizem que todos os seus rituais no passado eram conduzidos sem roupas. Isso simplesmente não é verdade. Apesar de rituais nudistas terem uma longa história em partes da Europa, Índia, Polinésia, entre alguns grupos americanos e até em rituais de plantio das Montanhas Ozark, a maior parte da Europa era fria demais para tais práticas.

Alguns wiccanos realizam rituais nus porque eles acham natural. Outros não tiram suas roupas porque preferem não fazê-lo.

A Wicca, como tem sido freqüentemente dito, é uma religião de individualismo.

SEXO E BRUXARIA

Qualquer menção à palavra *Bruxaria* geralmente traz à mente orgias. Sexo e Bruxaria, acreditam os leigos, estão inextricavelmente ligados.

Isso não é verdade.

Alguns wiccanos utilizam sexo em rituais. Isso pode ocorrer durante cerimônias do terceiro grau de iniciação, que são raras e são outorgadas apenas depois de anos de estudo e prática. O sexo é usado por suas propriedades místicas e mágicas e para alterar a consciência da pessoa a ser iniciada.

Entretanto, tais ritos são realizados em particular, apenas entre dois adultos que consentem, nunca na frente de outros wiccanos ou quem quer que seja. Orgias em covens são inexistentes. A Wicca não é um clube de *swing*. *Sabats* e *Esbats* não são desculpas para se ter sexo.

Wiccanos que utilizam sexo em ritual – e eles são de longe uma minoria – não dão desculpas por fazê-lo. Eles vêem a Wicca como uma religião de fertilidade e consideram sexo um componente natural de seus rituais. Séculos de repressão sexual cristã, dizem eles, são responsáveis pelo horror do público pelo sexo ritual, assim como pelo sexo em si e por qualquer uma de suas formas.

Nossa moral é empurrada sobre nós pela sociedade em que vivemos. Nossa sociedade é dominada pela idéia de que o sexo deveria ser realizado apenas por casais casados e unicamente para fins de procriação. Por essa razão, sexo por qualquer outro motivo é considerado pecado, até mesmo por casais casados. Combinando isso com religião, na mente do público, é uma "abominação".

Mas há elementos sexuais em quase todas as religiões, até no Cristianismo. Muitos dos aspectos sexuais do Cristianismo foram esquecidos, encobertos com traduções confusas ou convenientemente deixadas de fora da versão "autorizada" da Bíblia. Mas elas estão lá.

Apenas uns poucos wiccanos utilizam sexo como uma jovial experiência que eleva a energia durante o ritual. Mas eles o fazem sozinhos com seus parceiros. A Wicca não é uma religião sexual, e muitos wiccanos não incluem sexo verdadeiro em seus rituais.

O que é sexo, realmente? É uma união com o eu, com outro indivíduo, com a raça humana como um todo, e com a divindade ou divindades que nos criaram. Quando vistos com uma mente aberta, despojados da falsa moralidade, rituais sexuais são de fato religiosos e sagrados no sentido pré-cristão dessas palavras.

Wiccanos não acreditam que os prazeres e maravilhas do sexo sejam antinaturais ou maus. O Deus e a Deusa não criaram a sexualidade como um teste para a bondade dos humanos. Eles vêem o sexo como uma alegre parte da vida, e assim alguns wiccanos o celebram em ritual.

A Wicca é uma religião única, uma, com grande variedade. O fatode que o sexo tem um papel em *alguns* covens wiccanos e tradições não significa que *todos* os wiccanos lhe dêem a mesma – ou qualquer – importância ritual.

Aqueles que o praticam vêem nele um ato de amor, poder e espiritualidade.

MAGIA WICCANA

Então wiccanos adoram a Deusa e o Deus, possuem instrumentos particulares para sua religião, realizam ritos sazonais e lunares – e praticam magia. Wiccanos, assim como os bruxos populares, têm sido treinados para manipular a energia pessoal. A magia wiccana segue o mesmo raciocínio da magia popular, mas as técnicas podem ser bem diferentes.

Bruxos populares podem queimar velas, manipular cristais de quartzo ou usar ervas e óleos para provocar mudanças mágicas. Covens wiccanos geralmente realizam ritos em grupo orientado para a elevação da energia.

A magia aqui resumida se refere fundamentalmente aos covens e grupos de wiccanos. Wiccanos solitários podem utilizar rituais similares ou praticar magia popular enquanto invocam a Deusa e o Deus para assisti-los.

Os objetivos da magia wiccana são freqüentemente similares aos da magia popular. A cura é, talvez, o objetivo mais comum, seguido por amor, finanças, emprego e proteção. Maldições e pragas são desconhecidas. A magia wiccana também foca em problemas maiores, como a paz mundial.

Covens wiccanos começaram a trabalhar em busca de seu objetivo no final dos anos 1960, quando era comum covens literalmente unirem suas forças para enviar energia para interromper a guerra do Vietnã.

Um outro propósito da magia wiccana é impedir a exploração da Terra, preservar os recursos naturais e enviar energia de volta para o nosso planeta, no intuito de assegurar a continuidade de sua existência.

Os métodos wiccanos de aumentar energia foram por muito tempo mantidos em segredo, revelados apenas para membros do covens depois da iniciação. Hoje, muitos desses métodos têm sido abertamente publicados. Alguns são específicos da Wicca.

A DANÇA

A forma mais comum de juntar energia utiliza atividade física. A alta sacerdotisa, alto sacerdote ou algum outro líder do coven fala sobre o objetivo do rito mágico a ser realizado com o grupo. Quando isso fica claro em suas mentes, eles começam.

Dentro do círculo mágico, os wiccanos juntam suas mãos e se movem no sentido horário em volta do altar, visualizando ou concentrando-se na necessidade mágica. Isso tem sido chamado de *a Dança* e é a forma mais comum de elevar a energia.

O covens gira em torno do altar cada vez mais rápido até que ele se torne um borrão aos seus olhos. Durante essa dança, os wiccanos estão firmemente elevando sua energia. No momento apropriado – quando o poder do coven foi elevado até seu auge – o líder do grupo sinaliza para os membros liberarem sua energia e, através de visualização, direcioná-la para o alvo. Em alguns grupos, os membros enviam sua energia para o líder, que direciona o poder para o exterior.

Se um bruxo natural pode elevar uma quantidade de energia suficiente para provocar efeitos mágicos, um grupo de pessoas, todas trabalhando para o mesmo objetivo, podem produzir uma tremenda quantidade de poder. Trabalhos mágicos em grupo – sejam wiccanos ou não – podem ser espetacularmente eficientes.

ENTOANDO O FEITIÇO

Outras formas de magia wiccana são parecidas. O coven geralmente é arrumado em círculo. Membros podem ficar de pé, unidos pelos braços entrelaçados e cantar ou zunir enquanto visualizam o objetivo mágico e elevam a energia pessoal. O líder, como antes, determina quando o poder disponível está em seu mais alto grau de concentração e novamente informa ao covens quando liberar sua energia.

Outros grupos wiccanos podem utilizar variações nas formas acima – ou podem até praticar magia cerimonial para atingir suas metas.

Independente do tipo de magia que o coven utiliza, ela é comumente efetiva.

E NÃO PREJUDICAR NINGUÉM

A magia popular, como nós vimos, é governada por uma sentença básica: não prejudicar ninguém. Como uma religião que abraça a magia, a Wicca segue a mesma regra, embora seja dita freqüentemente de maneira diferente:

"Não prejudicando ninguém, faça o que quiser."[13]

Esta frase é conhecida quase que universalmente pelos wiccanos que falam inglês. Suas origens permanecem nas sombras. Muitos wiccanos acham que ela foi dita pela primeira vez com essas palavras durante a década de 1940 ou 1950 e foi baseada no lema do mago cerimonial Aleister Crowley: "Faça o que quiser deverá ser a Lei inteira. O Amor é a lei; Amor sob o desejo."[14]

Enquanto as origens dessa frase são enevoadas, sua mensagem não é. Assim como os bruxos naturais, wiccanos não praticam magia negativa. Eles não desfazem casamentos, forçam pessoas a se apaixonarem ou ferem outros através de seus rituais. Certamente, wiccanos ficam raivosos. Eles podem entrar em lutas de punho fechado ou jogar uma bebida na cara de um sujeito detestável. Mas eles preferem cortar seu braço direito antes de amaldiçoar uma pessoa.

Na magia popular, o poder mágico parece ser comparado à falta de moralidade. Isso é tão absurdo quanto acreditar que a posse de uma faca inclina seu proprietário a esfaquear todo mundo que ele ou ela encontrar. Na melhor das hipóteses, o verdadeiro domínio do poder mágico só ocorre em indivíduos que aceitam a máxima "Não prejudicando ninguém, faça o que quiseres".

A possibilidade do mau uso das técnicas mágicas wiccanas foi a base lógica do segredo no passado: "Não revele métodos mágicos para os não treinados; eles queimarão a si mesmos e aos outros." Apesar de já ter havido alguma lógica por trás dessa idéia, ela não é mais válida. As técnicas mágicas wiccanas têm sido publicadas abertamente. Qualquer um com R$4,90 (ou um cartão de biblioteca) pode ler muitos desses "segredos".

É verdade que provavelmente existem alguns grupos que se intitulam wiccanos e praticam magia negativa. Mas chamar esses grupos de wiccanos seria tão incorreto quanto chamar aquelas almas desafortunadas que realizam missas satíricas e profanam outras religiões de "verdadeiros católicos" – ou de wiccanos.

A magia wiccana é realizada para fins positivos e para os membros do coven, para o coven como um todo e para a Terra e todos os seus povos. É um aspecto positivo e participativo da religião da Wicca.

NÃO CONVERTA AS MASSAS!

Um dos pontos em que a Wicca difere enormemente da muitas outras religiões modernas e ortodoxas é na evangelização.

Nenhum wiccano é pressionado para ser um wiccano. Não há nenhuma ameaça de "eterna danação e fogo do inferno", nenhum abismo depois da vida, nem desforras para os não-praticantes da Wicca. A Deusa e o Deus não são divindades ciumentas, e wiccanos não são assustados ou subjugados por eles. Candidatos à iniciação não renunciam à sua fé original.

Não há pecado, com certeza não pecado original, na Wicca. Não há Céu ou Inferno. Há umas poucas regras, salvo as que governam também a magia popular: não prejudique ninguém.

Isso significa que a Wicca é uma religião que não se ocupa em converter ninguém. Não há missionários wiccanos, nem "testemunhas", nem wiccanos recrutando outros.

Isso pode ser surpreendente para aqueles que cresceram em religiões ortodoxas, mas é baseado em um conceito verdadeiro e sonoro que é a antítese da maioria das outras religiões: *Nenhuma religião é a certa para todo mundo.*

Talvez não seja forte demais dizer que a maior forma de vaidade é presumir que sua religião seja o único caminho para a Divindade, que todo mundo vai achá-la tão satisfatória quanto você, e que aqueles com crenças diferentes estão iludidos, enganados ou são ignorantes.

É compreensível porque muitas religiões e seus seguidores se sentem desse jeito e participam da "conversão das massas". Ver outros mudando para a sua fé reestabiliza a exatidão da fé na mente de quem converte. "Se outros acreditam, então eu não devo estar me iludindo." Alguns membros de religiões ortodoxas estão realmente preocupados com as almas dos infiéis. Mas isso é baseado em seus falsos ensinamentos religiosos.

Outro aspecto da evangelização envolve política. Se a religião A converter o país B, isso aumenta seu poder político e financeiro naquele país. O mesmo acontece com pessoas importantes. Religiões ortodoxas possuem uma influência de longo alcance nos domínios do governo e das finanças. Candidatos políticos apoiados por grandes religiões freqüentemente são eleitos e propõem ou apóiam a legislação que beneficia os interesses daquela religião.

Dinheiro é uma terceira razão para a evangelização. Religiões organizadas hoje nos Estados Unidos ganham bilhões de dólares em isenção de impostos todo mês. É fato que alguma parte desse dinheiro é gasta em causas de caridade, mas grande parte desse dinheiro deságua na burocracia da fé, beneficiando as pessoas que a controlam. Assim, quanto mais seguidores se juntarem, mais dinheiro aparece.

QUANTO MENOS, MELHOR

A Wicca simplesmente não é assim. Não é organizada a essa extensão. Grupos nacionais existem, mas por razões sociais e, algumas vezes, legais. Reuniões de wiccanos podem unir centenas de pessoas, mas covens locais geralmente têm menos de dez membros, e muitos wiccanos praticam sua religião completamente sozinhos, sem se filiar a nenhum grupo.

A Wicca não é uma instituição financeira e não se esforça para se tornar uma. Estudantes não pagam por iniciações. Pequenas taxas, quando existem, são como mensalidades pedidas em qualquer grupo para suprimentos, alimentos, etc...

E assim as histórias de Bruxos (leia-se wiccanos) pertencendo a uma organização mundial que tem por objetivo a dominação do mundo são falsas. Assim como as mentiras que wiccanos coagem outros a se unir a sua religião. Eles simplesmente não são tão inseguros assim quanto à sua religião.

Não se preocupe; wiccanos não estão por aí vagando pelas ruas conspirando para forçar o pequeno Billy ou sua Tia Sara para se unir a um coven.

A Wicca é uma religião para pessoas que decidem que pertencem a ela.

PROBLEMA

Assim como religiões que existem em países subdesenvolvidos, a Wicca consiste em pequenos grupos. Eles podem se encontrar no campo, na praia, ou nas montanhas, mas geralmente é dentro de casa. A razão? A ignorância do povo.

Um exemplo disso ocorreu recentemente. Um grupo wiccano na Califórnia decidiu realizar um de seus rituais em um parque público. Para prosseguir com o ritual, eles conseguiram a permissão requerida para o encontro para evitar situações desagradáveis. O dia chegou e os membros do coven, usando mantos, montaram seu altar e começaram seu simples ritual.

No meio do ritual, alguém os viu e chamou a polícia. "Satanistas", disse o informante numa voz agitada. "Sacrifício humano. Adoração ao Diabo! Eles estão... Estão matando bebês no parque!" Vários oficiais armados logo chegaram e rudemente interromperam o ritual. Enquanto os wiccanos atônitos olhavam indefesos, os policiais desarrumaram os objetos no altar e começaram a interrogar os membros do coven.

Quando os wiccanos ultrajados e com razão mostraram aos policiais sua permissão e os convenceram de que não estavam prestes a cometer assassinato, a área do ritual era um campo de batalha. Todos os pensamentos de prosseguir com o ritual ou mesmo de começar de novo foram rapidamente esquecidos.

Outra variação desse tema ocorreu no centro-oeste. Um grupo de wiccanos começou a realizar *Esbats* em suas terras numa área rural. Assim que novidades sobre seus encontros religiosos se espalharam, um devoto resoluto decidiu que aqueles membros eram satanistas. Pessoas entrevistadas por jornais locais informaram aos repórteres que eles mantinham suas crianças dentro de casa nas Luas Cheias para que elas não fossem mortas pelos bruxos. Alegações difamatórias se espalharam por toda a comunidade rural por várias semanas, todas direcionadas contra um grupo religioso de amor à natureza e afirmação da vida.

Então a perseguição prossegue através da ignorância e mentiras.

OS PROBLEMAS DO SIGILO

Como nós vimos, a Wicca já foi uma religião secreta. Seus rituais são realizados longe de olhares curiosos, certamente, não em parques públicos. Pessoas interessadas eram treinadas, juravam manter segredo e eram iniciadas em grupos.

Algumas das razões para este segredo são óbvias, levando em consideração as histórias acima. Pessoas ignorantes podem descarregar sua destruição nos wiccanos modernos. Quatrocentos anos atrás, membros desses grupos teriam sido legalmente executados, enviando um brilho de contentamento sobre a ralé. Até hoje, manifestações públicas de membros da Wicca podem acabar em tragédia.

Pelo menos um wiccano acabou com sua própria vida depois que sua religião tornou-se publicamente conhecida. Isso não foi por vergonha, mas pela perseguição emocional, psicológica e financeira que resultou dessa indesejada e maliciosa revelação.

Ser um wiccano neste mundo não é fácil. Wiccanos têm sido socados na boca nas ruas da cidade por portarem um pentagrama. Têm sido atacados por cristãos radicais apedrejadores. Wiccanos têm sido queimados fora de suas casas. Eles têm perdido empregos, moradia, maridos e esposas. Correspondências de ódio chegam regularmente em suas portas. Suas crianças têm sido raptadas por cônjuges que entenderam mal sua religião.

Cristãos fundamentalistas fazem piquete do lado de fora de reuniões wiccanas. Ameaças de bomba não são desconhecidas. Ocasionalmente, wiccanos são até assassinados por suas crenças religiosas. E de novo e de novo eles são acusados de assassinato, adoração ao diabo, mutilação vil, orgias, e ouvir *rock'n'roll*!

É alguma surpresa que muitos wiccanos continuem a praticar suas religiões em segredo?

A SOLUÇÃO

Muitos leigos dizem que o segredo dos wiccanos encobre o que eles *realmente* estão fazendo. Novamente, velhos preconceitos são difíceis de morrer. À luz dos reais perigos à espera dos wiccanos publicamente conhecidos, parece haver apenas uma solução para este problema: educação. Diga aos não-wiccanos sobre o que é a Wicca, muitos deles estão dizendo. Assegure-os de que wiccanos são normais, cidadãos cotidianos que apenas praticam uma religião diferente. Deixe-os saber a verdade sobre a Wicca.

E muitos wiccanos estão emergindo das sombras. Eles escrevem livros sobre sua religião, aparecem na televisão e falam ao público sobre a Wicca. Francamente, alguns deles curtem a atenção que recebem. Afinal de contas, são apenas humanos.

Muitos deles foram perseguidos por seus problemas. Todos têm sido recompensados por uma lenta, porém crescente, compreensão da Wicca entre as massas. Talvez a Wicca não tenha sido *aceita* nos Estados Unidos como uma religião alternativa viável. Nem foram o xintoísmo ou o budismo ou muitas outras religiões pouco conhecidas. Mas o trabalho de base tem sido feito e já está provendo resultados positivos. O simples fato deste livro ter sido impresso e poder ser distribuído é uma prova disso.

Os wiccanos estão falando. A verdade virá à tona!

E ELES?

Se, depois de ler este livrinho, você desejar aprender mais sobre Wicca, a melhor maneira de começar é pela leitura. Leia tudo que puder encontrar sobre o assunto – tanto os bons trabalhos quanto os ruins. Leia com um olhar crítico, avaliando cada autor individualmente. Seja especialmente cuidadoso ao ler obras que contenham numerosas citações bíblicas. Elas estão repletas de completas mentiras e informações incorretas.

Um dos mais recentes livros wiccanos é o *Buckland's Complete Book of Witchcraft*. De compreensão bastante razoável, este livro não descreve as práticas e crenças de todo wiccano. Nenhum livro poderia. Mas contém uma farta quantidade de informações.

Lembre-se de que poucos wiccanos concordam em relação a ritual, nudismo, instrumentos e organização do coven. O mesmo é verdade para os autores wiccanos. Muitas tradições wiccanas estão diametralmente opostas aos métodos de outras. Um dos tópicos quentes atuais é a história antiga – ou a falta dela – da Wicca. Assim, nem todos os autores descreverão a Wicca da mesma maneira. Mesmo assim, eles são todos membros da mesma religião, cada um é um indivíduo e pertence a várias tradições wiccanas. É uma religião pessoal.

Entretanto, para ter certeza se a Wicca que você está lendo é real, mantenha a informação que este livrinho contém na sua mente. Se os autores falam de adoração a Satã, sacrifícios, iniciações forçadas e orgias, assim como muitas outras coisas desagradáveis, eles não são wiccanos e o livro é o produto de uma mente confusa. Considere o livro uma obra de ficção.

Se, depois de ler sobre a Wicca, você desejar aprender mais, tente encontrar um wiccano em sua área. Poucos wiccanos anunciam ou revelam publicamente seus endereços, assim, pode ser difícil encontrar um. Se você está seriamente determinado a entrar na Wicca, procure toda entrelinha que puder encontrar.

Escreva aos autores de livros wiccanos. Mesmo que você não receba uma resposta, a informação pode ocasionalmente ser passada para ajudar você. Certamente valem o tempo e o esforço.

E lembre-se: se você contatar alguém por meios um tanto estranhos e que lhe diz que logo você se tornará um verdadeiro satanista, que você precisa renunciar a sua religião de origem, que você precisa pagar pela sua iniciação, ou que você precisa tomar drogas para participar das cerimônias, você não está em contato com um wiccano genuíno ou com um coven wiccano de verdade.

Se você conhece um wiccano ou coven que pratica rituais de nudez e/ou ritual com sexo, e isso incomoda você, simplesmente rejeite-os e procure por outro. O mesmo vale se você sente um sério choque de personalidade com qualquer um dos wiccanos que encontrar. As chances são de que eles não o aceitem, de qualquer forma.

Se você falhar em suas tentativas de encontrar wiccanos, você pode desejar começar a praticar sua religião sozinho. Um livro criado especificamente para ajudar estudantes solitários é o de Scott Cunningham *Wicca: A Guide for the Solitary Practitioner*[15]. Este é uma introdução completa à prática da Wicca, e é uma fonte confiável para aqueles que não puderam se juntar a um coven ou receber um treinamento de outra forma. Lembre-se, estes livros não são para converter ninguém. Eles estão simplesmente apresentando informação wiccana autêntica para aqueles interessados em recebê-las. Continue procurando. Como os wiccanos sempre dizem, aqueles que estão prontos para a Wicca acabarão encontrando-a.

O QUE É E O QUE NÃO É

Para resumir, a Bruxaria hoje é magia popular: um uso gentil, antigo e construtivo de forças pouco compreendidas para provocar mudanças positivas.

Este termo também inclui a Wicca, uma religião moderna enraizada na reverência à Deusa e ao Deus e que respeita a natureza. A magia é uma parte assumida dessa religião, que tem um grande número de tradições.

A magia popular não é amaldiçoar, praguejar, destruir ou outra magia negativa. Não é realizada com poderes derivados de pactos com o diabo ou Satã.

A Wicca não é uma paródia, o reverso ou uma perversão do Cristianismo. Também não é uma religião ou culto evangélico, controlador ou conversor. A Wicca não quer dominar o mundo, converter suas crianças, tirar o seu dinheiro ou tentar forçar você a acreditar como seus seguidores acreditam. A Wicca não é anticristã; é simplesmente não-cristã.

Nem magos populares, nem wiccanos matam seres vivos. Nem as orgias são parte de suas práticas mágicas e religiosas. Essas idéias são espalhadas por pessoas que simplesmente não conhecem os fatos ou que escolhem ignorá-los para seus próprios fins. Wiccanos e bruxos naturais não desejam ser amedrontados ou convertidos; eles só querem ser deixados em paz.

Que todos possam saber a verdade sobre a Bruxaria.

NOTAS

Todas as notas são da tradutora, Eddie Van Feu:

[1] Ki ou Ti é a palavra havaiana para designar a planta *Cordylene terminalis*.

[2] Feitiço, em inglês, é *spell*, palavra que também quer dizer soletrar e ortografia, ligada diretamente à palavra escrita e falada.

[3] Algumas das datas utilizadas para celebrações e magia são solstícios e equinócios. Por causa dessa diferença, adotou-se o termo Roda Norte, para designar os que preferem seguir as datas originais utilizadas pelo Hemisfério Norte, e a Roda Sul, adotada por quem prefere adaptar as datas para o Hemisfério Sul. Como as datas são de abertura de portais, fica a critério do mago qual Roda utilizar e concentrar as energias para o fim proposto (há, inclusive, os que misturam as datas, utilizando as sazonais na Roda Sul e as demais, na Roda Norte). Para facilitar, seguem nas notas as datas da Roda Sul.

[4] Na Roda Sul, 30 de abril.

[5] Na Roda Sul, 21 de junho, aproximadamente.

[6] Na Roda Sul, 30 de julho.

[7] Na Roda Sul, 22 de setembro aproximadamente.

[8] Na Roda Sul, 31 de outubro.

[9] Na Roda Sul, 29 de janeiro.

[10] Na Roda Sul, 01 de fevereiro.

[11] Na Roda Sul, 20 de março.

[12] *Esbats* são festivais lunares. Enquanto os *Sabats* celebram a mudança das estações, os *Esbats* comemoram a mudança da Lua. Apesar de alguns grupos celebrarem *Esbats* de Lua Negra (um ritual na Lua Nova), o mais comum é o *Esbat* de Lua Cheia, celebrado nos três primeiros dias desta fase, quando a Lua está mais cheia. A partir de então, ela começa a minguar.

[13] No original, "*An it harm none, do what you will*", o "*an*" é usado como a forma arcaica de "*if*". No Brasil, a forma mais popular deste preceito wiccano é "Faça o que quiser, desde que não prejudique ninguém."

[14] No original: "*Do what thou wilt shall be the whole of the Law. Love is the law; love under will.*" Também utilizam-se aqui as palavras arcaicas *thou* e *wilt*.

[15] Publicado no Brasil como *Guia da Bruxa Solitária*, Editora Gaia, São Paulo.

LEIA TAMBÉM DA MESMA COLEÇÃO:

A VERDADE Sobre CABALA
David Godwin

A VERDADE Sobre CHAKRAS
Abodea Judith

A VERDADE Sobre REGRESSÃO A VIDAS PASSADAS
Florence Wagner McClain

A VERDADE Sobre OS DRUIDAS
Tadhg MacCrossan

Características deste livro:
Formato: 13 x 21 cm
Mancha: 8,5 x 15,5 cm
Tipologia: IowanOldSt BT 11/15
Papel: Ofsete 75g/m² (miolo)
Cartão Supremo 250g/m² (capa)
Impressão: Sermograf
1ª edição: 2007

*Para saber mais sobre nossos títulos e autores,
visite o nosso site:*
www.mauad.com.br